MATH FACTS FOR
MINECRAFTERS

Addition & Subtraction

grades 1–2

Illustrated by Amanda Brack

Sky Pony Press

New York

Copyright © 2017 by Hollan Publishing, Inc.

Minecraft® is a registered trademark of Notch Development AB.

The Minecraft game is copyright © Mojang AB.

Sky Pony Press books may be purchased in bulk at special discounts for sales promotion, corporate gifts, fund-raising, or educational purposes. Special editions can also be created to specifications. For details, contact the Special Sales Department, Sky Pony Press, 307 West 36th Street, 11th Floor, New York, NY 10018 or info@skyhorsepublishing.com.

Sky Pony® is a registered trademark of Skyhorse Publishing, Inc.®, a Delaware corporation.

Minecraft® is a registered trademark of Notch Development AB.
The Minecraft game is copyright © Mojang AB.

Visit our website at www.skyponypress.com.

Authors, books, and more at SkyPonyPressBlog.com.

10 9 8 7 6 5 4 3 2 1

Library of Congress Cataloging-in-Publication Data is available on file.

Cover art by Bill Greenhead

Cover design by Brian Peterson

Interior art by Amanda Brack

Book design by Kevin Baier

Print ISBN: 978-1-5107-3093-9

Printed in China

A NOTE TO PARENTS

When you want to reinforce classroom skills at home, it's crucial to have kid-friendly learning materials. This *Math Facts for Minecrafters* workbook transforms math practice into an irresistible adventure complete with diamond swords, zombies, skeletons, and creepers. That means less arguing over math practice and more fun overall.

Math Facts for Minecrafters is also fully aligned with National Common Core Standards for 1st and 2nd Grade Math. What does that mean, exactly? All of the problems in this book correspond to what your child is expected to learn in school. This eliminates confusion and builds confidence for greater academic success!

As the workbook progresses, the math practice sheets become more advanced. Encourage your child to progress at his or her own pace. Learning is best when students are challenged but not frustrated. What's most important is that your Minecrafter is engaged in his or her own learning.

To measure progress and determine your child's overall fluency in solving math facts, you may want to use a timer. A child who is fluent will recall the answer to a math fact within 3 seconds. Once your child can accurately and consistently complete a full 20-problem page in 60 seconds, he or she is showing proficiency in that category of math facts.

Whether it's the joy of seeing their favorite game characters on every page or the thrill of seeing the progress they're making, this workbook is designed to entice even the most reluctant student.

Happy adventuring!

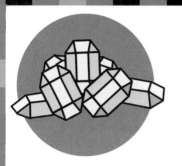

CONTENTS

MATH FACTS PROGRESS TRACKER

Date	Page Number or Skill Practiced	Number Correct in One Minute

ADDITION MATH FACTS WITH 0 AND 1

1. 7
   + 0

2. 5
   + 1

3. 2
   + 1

4. 9
   + 1

5. 7
   + 1

6. 6
   + 0

7. 3
   + 1

8. 0
   + 3

9. 4
   + 0

10. 10
    + 0

11. 8
    + 0

12. 0
    + 0

13. 2
    + 0

14. 6
    + 1

15. 8
    + 1

16. 9
    + 0

17. 1
    + 0

18. 3
    + 0

19. 5
    + 0

20. 4
    + 1

ADDITION MATH FACTS WITH 0 AND 1

1.　　8
　　+0

2.　　5
　　+1

3.　　2
　　+0

4.　　9
　　+1

5.　　6
　　+1

6.　　4
　　+0

7.　　8
　　+1

8.　　0
　　+3

9.　　6
　　+0

10.　10
　　+0

11.　7
　　+0

12.　0
　　+0

13.　2
　　+1

14.　7
　　+1

15.　3
　　+1

16.　9
　　+0

17.　5
　　+0

18.　3
　　+0

19.　1
　　+0

20.　4
　　+1

SUBTRACTION MATH FACTS WITH 0 AND 1

1. $7 - 0$

2. $5 - 1$

3. $2 - 1$

4. $9 - 1$

5. $7 - 1$

6. $6 - 0$

7. $3 - 1$

8. $3 - 0$

9. $4 - 0$

10. $10 - 1$

11. $8 - 0$

12. $0 - 0$

13. $4 - 0$

14. $6 - 1$

15. $8 - 1$

16. $9 - 0$

17. $1 - 0$

18. $2 - 0$

19. $5 - 0$

20. $4 - 1$

SUBTRACTION MATH FACTS WITH 0 AND 1

1. 8
   - 0
   ———

2. 0
   - 0
   ———

3. 9
   - 1
   ———

4. 6
   - 1
   ———

5. 8
   - 1
   ———

6. 7
   - 0
   ———

7. 1
   - 0
   ———

8. 1
   - 1
   ———

9. 5
   - 0
   ———

10. 4
   - 1
   ———

11. 6
   - 0
   ———

12. 5
   - 1
   ———

13. 3
   - 1
   ———

14. 10
   - 1
   ———

15. 7
   - 1
   ———

16. 9
   - 0
   ———

17. 4
   - 0
   ———

18. 3
   - 0
   ———

19. 2
   - 1
   ———

20. 2
   - 0
   ———

AdDITION MATH FACTS FROM 0 TO 10

1.
```
   2
 + 4
```

2.
```
   3
 + 5
```

3.
```
   2
 + 8
```

4.
```
   7
 + 2
```

5.
```
   6
 + 3
```

6.
```
   4
 + 4
```

7.
```
   8
 + 1
```

8.
```
   3
 + 3
```

9.
```
   2
 + 5
```

10.
```
   2
 + 3
```

11.
```
   5
 + 5
```

12.
```
   3
 + 7
```

13.
```
   4
 + 5
```

14.
```
   5
 + 3
```

15.
```
   5
 + 2
```

16.
```
   3
 + 4
```

17.
```
   8
 + 2
```

18.
```
   4
 + 1
```

19.
```
   6
 + 2
```

20.
```
   6
 + 4
```

ADDITION MAT FACTS
FROM 0 TO 10

1. 6
+ 4

2. 9
+ 1

3. 3
+ 5

4. 8
+ 2

5. 6
+ 3

6. 5
+ 5

7. 3
+ 7

8. 4
+ 5

9. 5
+ 3

10. 5
+ 2

11. 3
+ 4

12. 7
+ 2

13. 4
+ 1

14. 6
+ 2

15. 2
+ 4

16. 4
+ 4

17. 8
+ 1

18. 3
+ 3

19. 2
+ 5

20. 2
+ 3

ADDITION MATH FACTS FROM 0 TO 10

1. $\begin{array}{r} 1 \\ + 4 \\ \hline \end{array}$

2. $\begin{array}{r} 3 \\ + 6 \\ \hline \end{array}$

3. $\begin{array}{r} 1 \\ + 5 \\ \hline \end{array}$

4. $\begin{array}{r} 5 \\ + 2 \\ \hline \end{array}$

5. $\begin{array}{r} 2 \\ + 6 \\ \hline \end{array}$

6. $\begin{array}{r} 4 \\ + 5 \\ \hline \end{array}$

7. $\begin{array}{r} 3 \\ + 7 \\ \hline \end{array}$

8. $\begin{array}{r} 5 \\ + 5 \\ \hline \end{array}$

9. $\begin{array}{r} 3 \\ + 3 \\ \hline \end{array}$

10. $\begin{array}{r} 7 \\ + 2 \\ \hline \end{array}$

11. $\begin{array}{r} 7 \\ + 1 \\ \hline \end{array}$

12. $\begin{array}{r} 8 \\ + 1 \\ \hline \end{array}$

13. $\begin{array}{r} 4 \\ + 2 \\ \hline \end{array}$

14. $\begin{array}{r} 6 \\ + 2 \\ \hline \end{array}$

15. $\begin{array}{r} 4 \\ + 4 \\ \hline \end{array}$

16. $\begin{array}{r} 6 \\ + 4 \\ \hline \end{array}$

17. $\begin{array}{r} 8 \\ + 2 \\ \hline \end{array}$

18. $\begin{array}{r} 5 \\ + 3 \\ \hline \end{array}$

19. $\begin{array}{r} 2 \\ + 5 \\ \hline \end{array}$

20. $\begin{array}{r} 2 \\ + 3 \\ \hline \end{array}$

ADDITION MATH FACTS FROM 0 TO 10

1. 3
   + 4
   ___

2. 3
   + 3
   ___

3. 4
   + 5
   ___

4. 6
   + 2
   ___

5. 6
   + 4
   ___

6. 5
   + 5
   ___

7. 3
   + 7
   ___

8. 1
   + 5
   ___

9. 5
   + 3
   ___

10. 3
    + 2
    ___

11. 4
    + 4
    ___

12. 8
    + 1
    ___

13. 4
    + 2
    ___

14. 7
    + 2
    ___

15. 6
    + 3
    ___

16. 4
    + 3
    ___

17. 8
    + 2
    ___

18. 3
    + 5
    ___

19. 1
    + 4
    ___

20. 2
    + 5
    ___

ADDITION MATH FACTS FROM 0 TO 10

1. 5
   + 5

2. 5
   + 2

3. 5
   + 3

4. 2
   + 6

5. 8
   + 2

6. 5
   + 4

7. 3
   + 7

8. 2
   + 3

9. 2
   + 4

10. 3
    + 4

11. 4
    + 4

12. 7
    + 2

13. 4
    + 5

14. 6
    + 2

15. 6
    + 3

16. 4
    + 3

17. 1
    + 8

18. 3
    + 5

19. 2
    + 5

20. 2
    + 2

SUBTRACTION MATH FACTS FROM 0 TO 10

1. 4
    − 2

2. 5
    − 3

3. 5
    − 2

4. 7
    − 3

5. 6
    − 3

6. 10
    − 4

7. 8
    − 4

8. 10
    − 3

9. 7
    − 4

10. 9
     − 4

11. 9
     − 2

12. 10
     − 5

13. 3
     − 1

14. 8
     − 3

15. 6
     − 2

16. 7
     − 5

17. 8
     − 2

18. 10
     − 7

19. 6
     − 1

20. 6
     − 4

SUBTRACTION MATH FACTS FROM 0 TO 10

1. 10
    − 2

2. 7
    − 3

3. 10
    − 6

4. 6
    − 3

5. 6
    − 6

6. 10
    − 4

7. 8
    − 4

8. 10
    − 3

9. 7
    − 4

10. 5
    − 4

11. 9
    − 4

12. 10
    − 5

13. 3
    − 1

14. 8
    − 3

15. 6
    − 2

16. 7
    − 5

17. 9
    − 2

18. 10
    − 7

19. 6
    − 1

20. 6
    − 4

SUBTRACTION MATH FACTS FROM 0 TO 10

1. $\begin{array}{r} 10 \\ -\ 4 \\ \hline \end{array}$

2. $\begin{array}{r} 7 \\ -\ 4 \\ \hline \end{array}$

3. $\begin{array}{r} 8 \\ -\ 3 \\ \hline \end{array}$

4. $\begin{array}{r} 6 \\ -\ 3 \\ \hline \end{array}$

5. $\begin{array}{r} 6 \\ -\ 5 \\ \hline \end{array}$

6. $\begin{array}{r} 9 \\ -\ 1 \\ \hline \end{array}$

7. $\begin{array}{r} 9 \\ -\ 5 \\ \hline \end{array}$

8. $\begin{array}{r} 7 \\ -\ 5 \\ \hline \end{array}$

9. $\begin{array}{r} 10 \\ -\ 3 \\ \hline \end{array}$

10. $\begin{array}{r} 10 \\ -\ 7 \\ \hline \end{array}$

11. $\begin{array}{r} 9 \\ -\ 6 \\ \hline \end{array}$

12. $\begin{array}{r} 9 \\ -\ 1 \\ \hline \end{array}$

13. $\begin{array}{r} 5 \\ -\ 1 \\ \hline \end{array}$

14. $\begin{array}{r} 6 \\ -\ 4 \\ \hline \end{array}$

15. $\begin{array}{r} 8 \\ -\ 4 \\ \hline \end{array}$

16. $\begin{array}{r} 7 \\ -\ 3 \\ \hline \end{array}$

17. $\begin{array}{r} 8 \\ -\ 2 \\ \hline \end{array}$

18. $\begin{array}{r} 10 \\ -\ 2 \\ \hline \end{array}$

19. $\begin{array}{r} 10 \\ -\ 6 \\ \hline \end{array}$

20. $\begin{array}{r} 9 \\ -\ 4 \\ \hline \end{array}$

SUBTRACTION MATH FACTS FROM 0 TO 10

1. 10
    − 8

2. 7
    − 5

3. 8
    − 5

4. 6
    − 3

5. 6
    − 5

6. 10
    − 6

7. 8
    − 6

8. 8
    − 3

9. 7
    − 2

10. 10
     − 7

11. 9
     − 6

12. 7
     − 3

13. 9
     − 1

14. 9
     − 4

15. 8
     − 4

16. 7
     − 4

17. 8
     − 2

18. 10
     − 4

19. 10
     − 2

20. 6
     − 4

SUBTRACTION MATH FACTS FROM 0 TO 10

1. 9
  − 8
  ___

2. 8
  − 6
  ___

3. 7
  − 5
  ___

4. 8
  − 3
  ___

5. 8
  − 8
  ___

6. 9
  − 7
  ___

7. 8
  − 4
  ___

8. 9
  − 5
  ___

9. 6
  − 6
  ___

10. 7
  − 6
  ___

11. 7
  − 7
  ___

12. 8
  − 7
  ___

13. 9
  − 9
  ___

14. 10
  − 8
  ___

15. 9
  − 6
  ___

16. 8
  − 5
  ___

17. 8
  − 8
  ___

18. 10
  − 5
  ___

19. 6
  − 3
  ___

20. 4
  − 2
  ___

ADDITION MATH FACTS FROM 0 TO 20

1. 9
    + 7

2. 8
    + 8

3. 9
    + 10

4. 4
    + 8

5. 9
    + 6

6. 6
    + 7

7. 8
    + 7

8. 9
    + 9

9. 4
    + 9

10. 7
    + 7

11. 5
    + 9

12. 6
    + 8

13. 7
    + 5

14. 8
    + 3

15. 6
    + 6

16. 4
    + 7

17. 8
    + 5

18. 7
    + 8

19. 5
    + 6

20. 7
    + 6

ADDITION MATH FACTS FROM 0 TO 20

1. $\begin{array}{r} 9 \\ + 2 \\ \hline \end{array}$
2. $\begin{array}{r} 8 \\ + 3 \\ \hline \end{array}$
3. $\begin{array}{r} 7 \\ + 4 \\ \hline \end{array}$
4. $\begin{array}{r} 6 \\ + 5 \\ \hline \end{array}$
5. $\begin{array}{r} 5 \\ + 7 \\ \hline \end{array}$

6. $\begin{array}{r} 6 \\ + 7 \\ \hline \end{array}$
7. $\begin{array}{r} 8 \\ + 7 \\ \hline \end{array}$
8. $\begin{array}{r} 9 \\ + 9 \\ \hline \end{array}$
9. $\begin{array}{r} 4 \\ + 9 \\ \hline \end{array}$
10. $\begin{array}{r} 7 \\ + 7 \\ \hline \end{array}$

11. $\begin{array}{r} 5 \\ + 9 \\ \hline \end{array}$
12. $\begin{array}{r} 6 \\ + 8 \\ \hline \end{array}$
13. $\begin{array}{r} 7 \\ + 5 \\ \hline \end{array}$
14. $\begin{array}{r} 8 \\ + 4 \\ \hline \end{array}$
15. $\begin{array}{r} 6 \\ + 6 \\ \hline \end{array}$

16. $\begin{array}{r} 4 \\ + 7 \\ \hline \end{array}$
17. $\begin{array}{r} 8 \\ + 5 \\ \hline \end{array}$
18. $\begin{array}{r} 4 \\ + 8 \\ \hline \end{array}$
19. $\begin{array}{r} 5 \\ + 6 \\ \hline \end{array}$
20. $\begin{array}{r} 7 \\ + 6 \\ \hline \end{array}$

ADDITION MATH FACTS FROM 0 TO 20

1. 9
  + 6

2. 8
  + 3

3. 7
  + 4

4. 6
  + 5

5. 7
  + 7

6. 6
  + 7

7. 8
  + 7

8. 9
  + 9

9. 4
  + 9

10. 5
   + 7

11. 5
   + 9

12. 6
   + 8

13. 7
   + 5

14. 8
   + 4

15. 3
   + 9

16. 2
   + 9

17. 8
   + 5

18. 4
   + 8

19. 8
   + 6

20. 6
   + 6

ADDITION MATH FACTS FROM 0 TO 20

1. 3
  + 8

2. 2
  + 9

3. 4
  + 7

4. 5
  + 7

5. 6
  + 6

6. 8
  + 6

7. 8
  + 5

8. 7
  + 8

9. 9
  + 9

10. 4
   + 8

11. 5
   + 9

12. 6
   + 8

13. 7
   + 9

14. 8
   + 4

15. 9
   + 3

16. 8
   + 7

17. 8
   + 8

18. 4
   + 9

19. 8
   + 3

20. 5
   + 6

ADDITION MATH FACTS FROM 0 TO 20

1. 7
  + 5
  ———

2. 7
  + 9
  ———

3. 8
  + 7
  ———

4. 9
  + 7
  ———

5. 9
  + 9
  ———

6. 6
  + 6
  ———

7. 8
  + 6
  ———

8. 4
  + 7
  ———

9. 9
  + 3
  ———

10. 4
  + 8
  ———

11. 5
  + 6
  ———

12. 6
  + 7
  ———

13. 8
  + 8
  ———

14. 8
  + 4
  ———

15. 8
  + 3
  ———

16. 9
  + 4
  ———

17. 7
  + 8
  ———

18. 3
  + 9
  ———

19. 3
  + 8
  ———

20. 5
  + 8
  ———

ADDITION MATH FACTS FROM 0 TO 20

1. 8
  + 5

2. 3
  + 9

3. 8
  + 8

4. 9
  + 8

5. 7
  + 6

6. 8
  + 6

7. 6
  + 6

8. 8
  + 7

9. 7
  + 5

10. 4
   + 8

11. 5
   + 6

12. 4
   + 7

13. 3
   + 8

14. 7
   + 4

15. 9
   + 3

16. 9
   + 9

17. 10
   + 6

18. 7
   + 9

19. 12
   + 8

20. 5
   + 8

ADDITION MATH FACTS FROM 0 TO 20

1. $\begin{array}{r} 7 \\ + 7 \\ \hline \end{array}$
2. $\begin{array}{r} 9 \\ + 7 \\ \hline \end{array}$
3. $\begin{array}{r} 10 \\ + 8 \\ \hline \end{array}$
4. $\begin{array}{r} 11 \\ + 7 \\ \hline \end{array}$
5. $\begin{array}{r} 12 \\ + 3 \\ \hline \end{array}$

6. $\begin{array}{r} 13 \\ + 5 \\ \hline \end{array}$
7. $\begin{array}{r} 14 \\ + 2 \\ \hline \end{array}$
8. $\begin{array}{r} 16 \\ + 2 \\ \hline \end{array}$
9. $\begin{array}{r} 2 \\ +10 \\ \hline \end{array}$
10. $\begin{array}{r} 7 \\ +11 \\ \hline \end{array}$

11. $\begin{array}{r} 4 \\ +13 \\ \hline \end{array}$
12. $\begin{array}{r} 2 \\ +16 \\ \hline \end{array}$
13. $\begin{array}{r} 1 \\ +17 \\ \hline \end{array}$
14. $\begin{array}{r} 8 \\ + 7 \\ \hline \end{array}$
15. $\begin{array}{r} 10 \\ + 3 \\ \hline \end{array}$

16. $\begin{array}{r} 11 \\ + 4 \\ \hline \end{array}$
17. $\begin{array}{r} 12 \\ + 6 \\ \hline \end{array}$
18. $\begin{array}{r} 13 \\ + 4 \\ \hline \end{array}$
19. $\begin{array}{r} 14 \\ + 4 \\ \hline \end{array}$
20. $\begin{array}{r} 15 \\ + 3 \\ \hline \end{array}$

ADDITION MATH FACTS FROM 0 TO 20

1. 17
    + 1
    ---

2. 4
    + 11
    ---

3. 5
    + 12
    ---

4. 3
    + 14
    ---

5. 2
    + 15
    ---

6. 10
    + 9
    ---

7. 8
    + 11
    ---

8. 11
    + 7
    ---

9. 7
    + 12
    ---

10. 11
    + 9
    ---

11. 8
    + 12
    ---

12. 10
    + 8
    ---

13. 5
    + 13
    ---

14. 12
    + 6
    ---

15. 7
    + 13
    ---

16. 5
    + 14
    ---

17. 15
    + 3
    ---

18. 16
    + 4
    ---

19. 17
    + 2
    ---

20. 19
    + 1

ADDITION MATH FACTS FROM 0 TO 20

1. 14
  + 2

2. 4
  + 15

3. 3
  + 12

4. 4
  + 14

5. 3
  + 15

6. 11
  + 9

7. 7
  + 11

8. 13
  + 7

9. 6
  + 12

10. 8
  + 9

11. 5
  + 12

12. 14
  + 3

13. 5
  + 14

14. 12
  + 7

15. 3
  + 13

16. 2
  + 16

17. 15
  + 5

18. 16
  + 4

19. 17
  + 2

20. 12
  + 5

ADDITION MATH FACTS FROM 0 TO 20

1. 13
    + 4

2.   4
    +15

3.   3
    +12

4.   6
    +14

5.   3
    +15

6.   7
    + 9

7.   7
    +11

8. 13
    + 6

9.   6
    +12

10. 8
    + 9

11. 4
    +12

12. 14
    + 5

13. 3
    +14

14. 12
    + 7

15. 3
    +13

16. 4
    + 9

17. 15
    + 5

18. 16
    + 3

19. 13
    + 2

20. 13
    + 5

SUBTRACTION MATH FACTS FROM 0 TO 20

1. 13
   − 6

2. 12
   − 8

3. 11
   − 7

4. 14
   − 7

5. 15
   − 7

6. 12
   − 6

7. 16
   − 8

8. 15
   − 9

9. 17
   − 5

10. 16
    − 5

11. 14
    − 6

12. 15
    − 5

13. 17
    − 8

14. 12
    − 5

15. 12
    − 4

16. 13
    − 7

17. 12
    − 7

18. 11
    − 4

19. 11
    − 6

20. 12
    − 3

SUBTRACTION MATH FACTS FROM 0 TO 20

1. 15
    − 6

2. 14
    − 8

3. 12
    − 7

4. 11
    − 7

5. 14
    − 7

6. 13
    − 5

7. 16
    − 9

8. 15
    − 8

9. 17
    − 6

10. 16
    − 8

11. 16
    − 6

12. 14
    − 5

13. 17
    − 9

14. 12
    − 5

15. 12
    − 3

16. 13
    − 2

17. 12
    − 8

18. 11
    − 5

19. 11
    − 2

20. 12
    − 6

SUBTRACTION MATH FACTS FROM 0 TO 20

1. 14
   − 6

2. 14
   − 5

3. 17
   − 9

4. 12
   − 5

5. 12
   − 3

6. 13
   − 7

7. 12
   − 8

8. 11
   − 7

9. 11
   − 5

10. 17
    −10

11. 15
    − 6

12. 15
    − 8

13. 12
    − 7

14. 11
    − 2

15. 14
    − 7

16. 13
    − 6

17. 16
    − 9

18. 15
    − 7

19. 17
    − 6

20. 16
    − 5

SUBTRACTION MATH FACTS FROM 0 TO 20

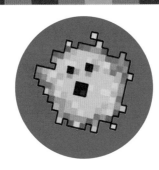

1. 16
    − 3

2. 13
    − 3

3. 14
    − 2

4. 15
    − 2

5. 17
    − 6

6. 12
    − 5

7. 14
    − 7

8. 18
    − 9

9. 16
    − 9

10. 11
    − 6

11. 15
    − 7

12. 15
    − 9

13. 13
    − 6

14. 14
    − 6

15. 17
    − 9

16. 14
    − 8

17. 16
    − 8

18. 12
    − 4

19. 12
    − 7

20. 11
    − 8

SUBTRACTION MATH FACTS FROM 0 TO 20

1. 11
  − 3

2. 13
  − 3

3. 14
  − 6

4. 15
  − 8

5. 17
  − 6

6. 12
  − 3

7. 12
  − 4

8. 16
  − 9

9. 17
  − 9

10. 11
  − 6

11. 15
  − 9

12. 14
  − 7

13. 13
  − 6

14. 12
  − 6

15. 17
  − 8

16. 14
  − 8

17. 16
  − 8

18. 12
  − 8

19. 12
  − 5

20. 11
  − 10

SUBTRACTION MATH FACTS FROM 0 TO 20

1. 20
 − 3

2. 18
 − 6

3. 17
 − 4

4. 15
 − 10

5. 20
 − 4

6. 17
 − 5

7. 16
 − 3

8. 19
 − 4

9. 20
 − 7

10. 19
 − 5

11. 16
 − 7

12. 20
 − 6

13. 20
 − 2

14. 15
 − 3

15. 17
 − 3

16. 14
 − 4

17. 19
 − 3

18. 20
 − 8

19. 15
 − 4

20. 20
 − 11

SUBTRACTION MATH FACTS FROM 0 TO 20

1. $\begin{array}{r} 20 \\ -\ 4 \\ \hline \end{array}$
2. $\begin{array}{r} 19 \\ -\ 6 \\ \hline \end{array}$
3. $\begin{array}{r} 16 \\ -\ 5 \\ \hline \end{array}$
4. $\begin{array}{r} 18 \\ -10 \\ \hline \end{array}$
5. $\begin{array}{r} 20 \\ -\ 5 \\ \hline \end{array}$

6. $\begin{array}{r} 17 \\ -\ 3 \\ \hline \end{array}$
7. $\begin{array}{r} 16 \\ -\ 4 \\ \hline \end{array}$
8. $\begin{array}{r} 19 \\ -\ 2 \\ \hline \end{array}$
9. $\begin{array}{r} 20 \\ -\ 3 \\ \hline \end{array}$
10. $\begin{array}{r} 19 \\ -\ 4 \\ \hline \end{array}$

11. $\begin{array}{r} 16 \\ -\ 3 \\ \hline \end{array}$
12. $\begin{array}{r} 20 \\ -\ 7 \\ \hline \end{array}$
13. $\begin{array}{r} 20 \\ -\ 1 \\ \hline \end{array}$
14. $\begin{array}{r} 15 \\ -\ 2 \\ \hline \end{array}$
15. $\begin{array}{r} 17 \\ -\ 7 \\ \hline \end{array}$

16. $\begin{array}{r} 15 \\ -\ 4 \\ \hline \end{array}$
17. $\begin{array}{r} 19 \\ -\ 3 \\ \hline \end{array}$
18. $\begin{array}{r} 18 \\ -\ 5 \\ \hline \end{array}$
19. $\begin{array}{r} 15 \\ -\ 3 \\ \hline \end{array}$
20. $\begin{array}{r} 20 \\ -\ 9 \\ \hline \end{array}$

SUBTRACTION MATH FACTS FROM 0 TO 20

1. 16
  − 4

2. 13
  − 6

3. 20
  −10

4. 18
  − 9

5. 20
  − 3

6. 17
  − 5

7. 16
  − 8

8. 19
  − 8

9. 14
  − 3

10. 18
  − 4

11. 16
  − 1

12. 20
  − 4

13. 15
  − 4

14. 15
  − 8

15. 17
  − 8

16. 15
  − 5

17. 19
  − 5

18. 18
  − 8

19. 12
  − 4

20. 20
  − 7

SUBTRACTION MATH FACTS FROM 0 TO 20

1. 16
    − 7

2. 14
    − 6

3. 13
    − 5

4. 18
    − 5

5. 20
    − 5

6. 17
    − 6

7. 16
    − 4

8. 17
    − 8

9. 19
    − 3

10. 18
    − 15

11. 16
    −10

12. 20
    − 7

13. 15
    −11

14. 14
    − 8

15. 17
    − 7

16. 15
    − 8

17. 19
    − 2

18. 18
    − 6

19. 12
    − 9

20. 20
    − 3

SUBTRACTION MATH FACTS FROM 0 TO 20

1. 16
    − 8

2. 14
    − 9

3. 13
    − 3

4. 12
    − 5

5. 11
    − 5

6. 11
    − 4

7. 16
    − 7

8. 17
    − 8

9. 15
    − 9

10. 18
    − 10

11. 16
    − 5

12. 20
    − 10

13. 15
    − 5

14. 14
    − 6

15. 17
    − 9

16. 15
    − 7

17. 13
    − 6

18. 14
    − 8

19. 12
    − 4

20. 13
    − 7

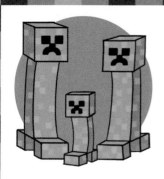

MIXED ADDITION & SUBTRACTION FROM 0 TO 20

1. 3
  + 8

2. 16
  − 5

3. 4
  + 7

4. 18
  − 9

5. 6
  + 6

6. 8
  − 6

7. 8
  + 5

8. 7
  − 7

9. 9
  + 9

10. 12
  − 8

11. 5
  + 9

12. 15
  − 7

13. 7
  + 9

14. 8
  − 4

15. 9
  + 3

16. 8
  − 7

17. 8
  + 8

18. 12
  − 9

19. 8
  + 3

20. 11
  − 6

MIXED ADDITION & SUBTRACTION FROM 0 TO 20

1. 8
   + 5

2. 11
   − 3

3. 8
   + 7

4. 17
   − 8

5. 7
   + 6

6. 13
   − 6

7. 6
   + 6

8. 12
   − 5

9. 7
   + 5

10. 14
    − 8

11. 5
    + 6

12. 14
    − 7

13. 3
    + 8

14. 17
    − 9

15. 9
    + 3

16. 9
    + 9

17. 12
    + 8

18. 7
    + 9

19. 12
    − 3

20. 5
    + 8

MIXED ADDITION & SUBTRACTION FROM 0 TO 20

1. 9
    $+ 7$

2. 18
    $- 8$

3. 20
    $- 5$

4. 12
    $+ 8$

5. 9
    $+ 6$

6. 8
    $+ 7$

7. 16
    $- 7$

8. 20
    $- 9$

9. 4
    $+ 7$

10. 9
     $+ 5$

11. 15
     $- 9$

12. 6
     $+ 8$

13. 7
     $+ 6$

14. 13
     $- 6$

15. 6
     $+ 6$

16. 14
     $- 6$

17. 18
     $- 9$

18. 7
     $+ 5$

19. 5
     $+ 6$

20. 7
     $+ 7$

MIXED ADDITION & SUBTRACTION FROM 0 TO 20

1. 9
  + 2
  ___

2. 8
  + 3
  ___

3. 17
  - 9
  ___

4. 16
  - 5
  ___

5. 9
  + 7
  ___

6. 12
  - 5
  ___

7. 5
  + 7
  ___

8. 9
  + 9
  ___

9. 12
  - 4
  ___

10. 7
  + 7
  ___

11. 5
  + 9
  ___

12. 16
  - 8
  ___

13. 7
  + 6
  ___

14. 8
  + 4
  ___

15. 14
  - 8
  ___

16. 4
  + 7
  ___

17. 12
  - 9
  ___

18. 4
  + 9
  ___

19. 15
  - 7
  ___

20. 7
  + 8
  ___

MYSTERY NUMBER ADDITION

Fill in the missing number to complete the equation.

Examples:

1. 3
   + **4**
   ───
     7

2. **6**
   + 4
   ───
    10

3. 6
   + **7**
   ───
     8

4. 5
   + **6**
   ───
     8

5. 4
   + **5**
   ───
     8

6. ☐
   + 5
   ───
     9

7. 5
   + **6**
   ───
    10

8. 2
   + 7
   ───
    ☐

9. ☐
   + 6
   ───
     9

10. 2
    + **3**
    ───
      5

11. ☐
    + 3
    ───
      6

12. 7
    + **8**
    ───
     10

13. 4
    + 4
    ───
     ☐

14. 9
    + **1**
    ───
     10

15. ☐
    + 1
    ───
      8

16. ☐
    + 2
    ───
      6

17. 2
    + **3**
    ───
      7

18. 2
    + 4
    ───
     ☐

19. ☐
    + 3
    ───
      9

20. 8
    + **9**
    ───
     10

MYSTERY NUMBER ADDITION

Fill in the missing number to complete the equation.

1. 13
  + 14
  ——
   20

2. ☐
  + 4
  ——
   16

3. 6
  + 7
  ——
   14

4. 5
  + 6
  ——
   13

5. 4
  + 5
  ——
   12

6. ☐
  + 5
  ——
   12

7. 5
  + 6
  ——
   11

8. 2
  + 7
  ——
   ☐

9. ☐
  + 3
  ——
   12

10. 2
   + 3
   ——
    10

11. ☐
   + 3
   ——
    12

12. 7
   + 7
   ——
    ☐

13. 4
   +16
   ——
    ☐

14. 9
   + 10
   ——
    14

15. ☐
   + 7
   ——
    12

16. ☐
   + 7
   ——
    13

17. 6
   + 7
   ——
    12

18. 8
   + 6
   ——
    ☐

19. ☐
   + 6
   ——
    15

20. 8
   + 9
   ——
    18

MYSTERY NUMBER SUBTRACTION

Fill in the missing number to complete the equation.

1. $\begin{array}{r} 10 \\ -\ \boxed{3} \\ \hline 7 \end{array}$

2. $\begin{array}{r} \boxed{} \\ -\ 4 \\ \hline 4 \end{array}$

3. $\begin{array}{r} 6 \\ -\ \boxed{3} \\ \hline 3 \end{array}$

4. $\begin{array}{r} 8 \\ -\ \boxed{} \\ \hline 5 \end{array}$

5. $\begin{array}{r} 4 \\ -\ \boxed{} \\ \hline 4 \end{array}$

6. $\begin{array}{r} \boxed{} \\ -\ 5 \\ \hline 4 \end{array}$

7. $\begin{array}{r} 5 \\ -\ \boxed{} \\ \hline 3 \end{array}$

8. $\begin{array}{r} 2 \\ -\ 1 \\ \hline \boxed{} \end{array}$

9. $\begin{array}{r} \boxed{} \\ -\ 6 \\ \hline 4 \end{array}$

10. $\begin{array}{r} 5 \\ -\ \boxed{} \\ \hline 1 \end{array}$

11. $\begin{array}{r} \boxed{} \\ -\ 2 \\ \hline 8 \end{array}$

12. $\begin{array}{r} 7 \\ -\ \boxed{} \\ \hline 2 \end{array}$

13. $\begin{array}{r} 7 \\ -\ 4 \\ \hline \boxed{} \end{array}$

14. $\begin{array}{r} 9 \\ -\ \boxed{} \\ \hline 5 \end{array}$

15. $\begin{array}{r} \boxed{} \\ -\ 1 \\ \hline 8 \end{array}$

16. $\begin{array}{r} \boxed{} \\ -\ 2 \\ \hline 6 \end{array}$

17. $\begin{array}{r} 9 \\ -\ \boxed{} \\ \hline 7 \end{array}$

18. $\begin{array}{r} 4 \\ -\ 2 \\ \hline \boxed{} \end{array}$

19. $\begin{array}{r} \boxed{} \\ -\ 2 \\ \hline 8 \end{array}$

20. $\begin{array}{r} 8 \\ -\ \boxed{} \\ \hline 2 \end{array}$

MYSTERY NUMBER SUBTRACTION

Fill in the missing number to complete the equation.

1. 13
    - ☐
    ————
    10

2. ☐
    - 4
    ————
    16

3. 16
    - ☐
    ————
    8

4. 15
    - ☐
    ————
    10

5. 14
    - ☐
    ————
    12

6. ☐
    - 5
    ————
    6

7. 12
    - ☐
    ————
    7

8. 12
    - 9
    ————
    ☐

9. ☐
    - 6
    ————
    11

10. 13
    - ☐
    ————
    8

11. ☐
    - 3
    ————
    12

12. 17
    - 7
    ————
    ☐

13. 16
    - 4
    ————
    ☐

14. 19
    - ☐
    ————
    15

15. ☐
    - 3
    ————
    11

16. ☐
    - 6
    ————
    7

17. 18
    - ☐
    ————
    13

18. 18
    - 6
    ————
    ☐

19. ☐
    - 6
    ————
    14

20. 18
    - ☐
    ————
    9

DOUBLE-DIGIT ADDITION FROM 0-100

1. 30
   +50

2. 20
   +70

3. 60
   +13

4. 34
   +51

5. 16
   +23

6. 40
   +50

7. 23
   +53

8. 25
   +14

9. 40
   +58

10. 40
    +30

11. 30
    +28

12. 24
    +12

13. 35
    +13

14. 20
    +60

15. 17
    +22

16. 42
    +50

17. 23
    +12

18. 23
    +54

19. 50
    +18

20. 83
    +16

DOUBLE-DIGIT ADDITION FROM 0-100

1. 52
   +13
   ___

2. 25
   +14
   ___

3. 20
   +71
   ___

4. 60
   +32
   ___

5. 24
   +43
   ___

6. 27
   +31
   ___

7. 45
   +54
   ___

8. 66
   +33
   ___

9. 46
   +53
   ___

10. 38
   +21
   ___

11. 70
   +22
   ___

12. 62
   +24
   ___

13. 78
   +11
   ___

14. 53
   +15
   ___

15. 74
   +24
   ___

16. 27
   +51
   ___

17. 30
   +32
   ___

18. 67
   +12
   ___

19. 23
   +45
   ___

20. 42
   +44
   ___

DOUBLE-DIGIT ADDITION FROM 0-100

1. 62
   +13

2. 28
   +10

3. 22
   +71

4. 50
   +34

5. 27
   +42

6. 26
   +33

7. 48
   +50

8. 65
   +33

9. 36
   +53

10. 27
    +31

11. 20
    +72

12. 42
    +24

13. 51
    +11

14. 73
    +15

15. 70
    +20

16. 37
    +51

17. 50
    +32

18. 33
    +14

19. 63
    +25

20. 42
    +17

DOUBLE-DIGIT ADDITIO
FROM 0-100

1. 32
   +51
   ___

2. 27
   +12
   ___

3. 21
   +75
   ___

4. 40
   +24
   ___

5. 87
   +10
   ___

6. 46
   +33
   ___

7. 38
   +61
   ___

8. 60
   +39
   ___

9. 31
   +54
   ___

10. 90
    +10
    ___

11. 30
    +52
    ___

12. 44
    +14
    ___

13. 56
    +31
    ___

14. 33
    +15
    ___

15. 40
    +20
    ___

16. 38
    +31
    ___

17. 30
    +42
    ___

18. 53
    +14
    ___

19. 64
    +25
    ___

20. 42
    +15
    ___

DOUBLE-DIGIT SUBTRACTION FROM 0-100

1. 88
   −33

2. 77
   −12

3. 29
   −17

4. 40
   −24

5. 87
   −10

6. 49
   −33

7. 48
   −21

8. 60
   −30

9. 81
   −51

10. 90
    −10

11. 50
    −20

12. 94
    −14

13. 66
    −32

14. 53
    −13

15. 45
    −20

16. 38
    −31

17. 87
    −42

18. 53
    −12

19. 64
    −22

20. 42
    −12

DOUBLE-DIGIT SUBTRACTION FROM 0-100

1. 56
  − 32

2. 72
  − 12

3. 39
  − 14

4. 44
  − 21

5. 77
  − 10

6. 86
  − 33

7. 28
  − 21

8. 60
  − 30

9. 67
  − 55

10. 80
  − 10

11. 70
  − 40

12. 56
  − 12

13. 67
  − 34

14. 87
  − 13

15. 75
  − 10

16. 35
  − 31

17. 97
  − 40

18. 59
  − 12

19. 74
  − 11

20. 49
  − 19

DOUBLE-DIGIT SUBTRACTION FROM 0-100

1. 86
  - 42

2. 67
  - 12

3. 93
  - 11

4. 74
  - 21

5. 57
  - 14

6. 26
  - 13

7. 77
  - 51

8. 54
  - 30

9. 67
  - 40

10. 88
  - 22

11. 33
  - 11

12. 89
  - 67

13. 37
  - 34

14. 86
  - 13

15. 39
  - 14

16. 63
  - 30

17. 97
  - 27

18. 49
  - 23

19. 34
  - 21

20. 87
  - 15

DOUBLE-DIGIT SUBTRACTION FROM 0–100

1. 97
   − 32

2. 54
   − 12

3. 62
   − 21

4. 84
   − 24

5. 76
   − 14

6. 28
   − 13

7. 87
   − 54

8. 57
   − 20

9. 37
   − 15

10. 58
    − 22

11. 73
    − 21

12. 49
    − 25

13. 87
    − 64

14. 96
    − 33

15. 35
    − 14

16. 68
    − 30

17. 27
    − 17

18. 99
    − 27

19. 75
    − 25

20. 86
    − 22

ANSWERS

PAGE 6

1. 7
2. 6
3. 3
4. 10
5. 8
6. 6
7. 4
8. 3
9. 4
10. 10
11. 8
12. 0
13. 2
14. 7
15. 9
16. 9
17. 1
18. 3
19. 5
20. 5

PAGE 7

1. 8
2. 6
3. 2
4. 10
5. 7
6. 4
7. 9
8. 3
9. 6
10. 10
11. 7
12. 0
13. 3
14. 8
15. 4
16. 9
17. 5
18. 3
19. 1
20. 5

PAGE 8

1. 7
2. 4
3. 1
4. 8
5. 6
6. 6
7. 2
8. 3
9. 4
10. 9
11. 8
12. 0
13. 4
14. 5
15. 7
16. 9
17. 1
18. 2
19. 5
20. 3

PAGE 9

1. 8
2. 0
3. 8
4. 5
5. 7
6. 7
7. 1
8. 0
9. 5
10. 3
11. 6
12. 4
13. 2
14. 9
15. 6
16. 9
17. 4
18. 3
19. 1
20. 2

PAGE 10

1. 6
2. 8
3. 10
4. 9
5. 9
6. 8
7. 9
8. 6
9. 7
10. 5
11. 10
12. 10
13. 9
14. 8
15. 7
16. 7
17. 10
18. 5
19. 8
20. 10

PAGE 11

1. 10
2. 10
3. 8
4. 10
5. 9
6. 10
7. 10
8. 9
9. 8
10. 7
11. 7
12. 9
13. 5
14. 8
15. 6
16. 8
17. 9
18. 6
19. 7
20. 5

PAGE 12

1. 5
2. 9
3. 6
4. 7
5. 8
6. 9
7. 10
8. 10
9. 6
10. 9
11. 8
12. 9
13. 6
14. 8
15. 8
16. 10
17. 10
18. 8
19. 7
20. 5

PAGE 13

1. 7
2. 6
3. 9
4. 8
5. 10
6. 10
7. 10
8. 6
9. 8
10. 5
11. 8
12. 9
13. 6
14. 9
15. 9
16. 7
17. 10
18. 8
19. 5
20. 7

PAGE 14

1. 10
2. 7
3. 8
4. 8
5. 10
6. 9
7. 10
8. 5
9. 6
10. 7
11. 8
12. 9
13. 9
14. 8
15. 9
16. 7
17. 9
18. 8
19. 7
20. 4

PAGE 15

1. 2
2. 2
3. 3
4. 4
5. 3
6. 6
7. 4
8. 7
9. 3
10. 5
11. 7
12. 5
13. 2
14. 5
15. 4
16. 2
17. 6
18. 3
19. 5
20. 2

PAGE 16

1. 8
2. 4
3. 4
4. 3
5. 0
6. 6
7. 4
8. 7
9. 3
10. 1
11. 5
12. 5
13. 2
14. 5
15. 4
16. 2
17. 7
18. 3
19. 5
20. 2

PAGE 17

1. 6
2. 3
3. 5
4. 3
5. 1
6. 8
7. 4
8. 2
9. 7
10. 3
11. 3
12. 8
13. 4
14. 2
15. 4
16. 4
17. 6
18. 8
19. 4
20. 5

PAGE 18

1. 2
2. 2
3. 3
4. 3
5. 1
6. 4
7. 2
8. 5
9. 5
10. 3
11. 3
12. 4
13. 8
14. 5
15. 4
16. 3
17. 6
18. 6
19. 8
20. 2

PAGE 19

1. 1
2. 2
3. 2
4. 5
5. 0
6. 2
7. 4
8. 4
9. 0
10. 1
11. 0
12. 1
13. 0
14. 2
15. 3
16. 3
17. 0
18. 5
19. 3
20. 2

PAGE 20

1. 16
2. 16
3. 19
4. 12
5. 15
6. 13
7. 15
8. 18
9. 13
10. 14
11. 14
12. 14
13. 12
14. 11
15. 12
16. 11
17. 13
18. 15
19. 11
20. 13

PAGE 21

1. 11
2. 11
3. 11
4. 11
5. 12
6. 13
7. 15
8. 18
9. 13
10. 14
11. 14
12. 14
13. 12
14. 12
15. 12
16. 11
17. 13
18. 12
19. 11
20. 13

PAGE 22

1. 15
2. 11
3. 11
4. 11
5. 14
6. 13
7. 15
8. 18
9. 13
10. 12
11. 14
12. 14
13. 12
14. 12
15. 12
16. 11
17. 13
18. 12
19. 14
20. 12

PAGE 23

1. 11
2. 11
3. 11
4. 12
5. 12
6. 14
7. 13
8. 15
9. 18
10. 12
11. 14
12. 14
13. 16
14. 12
15. 12
16. 15
17. 16
18. 13
19. 11
20. 11

PAGE 24

1. 12
2. 16
3. 15
4. 16
5. 18
6. 12
7. 14
8. 11
9. 12
10. 12
11. 11
12. 13
13. 16
14. 12
15. 11
16. 13
17. 15
18. 12
19. 11
20. 13

PAGE 25

1. 13
2. 12
3. 16
4. 17
5. 13
6. 14
7. 12
8. 15
9. 12
10. 12
11. 11
12. 11
13. 11
14. 11
15. 12
16. 18
17. 16
18. 16
19. 20
20. 13

PAGE 26

1. 14
2. 16
3. 18
4. 18
5. 15
6. 18
7. 16
8. 18
9. 12
10. 18
11. 17
12. 18
13. 18
14. 15
15. 13
16. 15
17. 18
18. 17
19. 18
20. 18

PAGE 27

1. 18
2. 15
3. 17
4. 17
5. 17
6. 19
7. 19
8. 18
9. 19
10. 20
11. 20
12. 18
13. 18
14. 18
15. 20
16. 19
17. 18
18. 20
19. 19
20. 20

PAGE 28

1. 16
2. 19
3. 15
4. 18
5. 18
6. 20
7. 18
8. 20
9. 18
10. 17
11. 17
12. 17
13. 19
14. 19
15. 16
16. 18
17. 20
18. 20
19. 19
20. 17

PAGE 29

1. 17
2. 19
3. 15
4. 20
5. 18
6. 16
7. 18
8. 19
9. 18
10. 17
11. 16
12. 19
13. 17
14. 19
15. 16
16. 13
17. 20
18. 19
19. 15
20. 18

PAGE 30

1. 7
2. 4
3. 4
4. 7
5. 8
6. 6
7. 8
8. 6
9. 12
10. 11
11. 8
12. 10
13. 9
14. 7
15. 8
16. 6
17. 5
18. 7
19. 5
20. 9

PAGE 31

1. 9
2. 6
3. 5
4. 4
5. 7
6. 8
7. 7
8. 7
9. 11
10. 8
11. 10
12. 9
13. 8
14. 7
15. 9
16. 11
17. 4
18. 6
19. 9
20. 6

PAGE 32

1. 8
2. 9
3. 8
4. 7
5. 9
6. 6
7. 4
8. 4
9. 6
10. 7
11. 9
12. 7
13. 5
14. 9
15. 7
16. 7
17. 7
18. 8
19. 11
20. 11

PAGE 33

1. 13
2. 10
3. 12
4. 13
5. 11
6. 7
7. 7
8. 9
9. 7
10. 5
11. 8
12. 6
13. 7
14. 8
15. 8
16. 6
17. 8
18. 8
19. 5
20. 3

PAGE 34

1. 8
2. 10
3. 8
4. 7
5. 11
6. 9
7. 8
8. 7
9. 8
10. 5
11. 6
12. 7
13. 7
14. 6
15. 9
16. 6
17. 8
18. 4
19. 7
20. 1

PAGE 35

1. 17
2. 12
3. 13
4. 5
5. 16
6. 12
7. 13
8. 15
9. 13
10. 14
11. 9
12. 14
13. 18
14. 12
15. 14
16. 10
17. 16
18. 12
19. 11
20. 9

PAGE 36

1. 16
2. 13
3. 11
4. 8
5. 15
6. 14
7. 12
8. 17
9. 17
10. 15
11. 13
12. 13
13. 19
14. 13
15. 10
16. 11
17. 16
18. 13
19. 12
20. 11

PAGE 37

1. 12
2. 7
3. 10
4. 9
5. 17
6. 12
7. 8
8. 11
9. 11
10. 14
11. 15
12. 16
13. 11
14. 7
15. 9
16. 10
17. 14
18. 10
19. 8
20. 13

PAGE 38

1. 9
2. 8
3. 8
4. 13
5. 15
6. 11
7. 12
8. 9
9. 16
10. 3
11. 6
12. 13
13. 4
14. 6
15. 10
16. 7
17. 17
18. 12
19. 3
20. 17

PAGE 39

1. 8
2. 5
3. 10
4. 7
5. 6
6. 7
7. 9
8. 9
9. 6
10. 8
11. 11
12. 10
13. 10
14. 8
15. 8
16. 8
17. 7
18. 6
19. 8
20. 6

PAGE 40

1. 11
2. 11
3. 11
4. 9
5. 12
6. 2
7. 13
8. 0
9. 18
10. 4
11. 14
12. 8
13. 16
14. 4
15. 12
16. 1
17. 16
18. 3
19. 11
20. 5

PAGE 41

1. 13
2. 8
3. 15
4. 9
5. 13
6. 7
7. 12
8. 7
9. 12
10. 6
11. 11
12. 7
13. 11
14. 8
15. 12
16. 18
17. 20
18. 16
19. 9
20. 13

PAGE 42

1. 16
2. 10
3. 15
4. 20
5. 15
6. 15
7. 9
8. 11
9. 11
10. 14
11. 6
12. 14
13. 13
14. 7
15. 12
16. 8
17. 9
18. 12
19. 11
20. 14

PAGE 43

1. 11
2. 11
3. 8
4. 11
5. 16
6. 7
7. 12
8. 18
9. 8
10. 14
11. 14
12. 8
13. 13
14. 12
15. 6
16. 11
17. 3
18. 13
19. 8
20. 15

PAGE 44

1. 4
2. 6
3. 2
4. 3
5. 4
6. 4
7. 5
8. 9
9. 3
10. 3
11. 3
12. 3
13. 8
14. 1
15. 7
16. 4
17. 5
18. 6
19. 6
20. 2

PAGE 45

1. 7
2. 12
3. 8
4. 8
5. 8
6. 7
7. 6
8. 9
9. 9
10. 8
11. 9
12. 14
13. 20
14. 5
15. 5
16. 6
17. 6
18. 14
19. 9
20. 10

PAGE 46

1. 3
2. 8
3. 3
4. 3
5. 0
6. 9
7. 2
8. 1
9. 10
10. 4
11. 10
12. 5
13. 3
14. 4
15. 9
16. 8
17. 2
18. 2
19. 10
20. 6

PAGE 47

1. 3
2. 20
3. 8
4. 5
5. 2
6. 11
7. 5
8. 3
9. 17
10. 5
11. 15
12. 10
13. 12
14. 4
15. 14
16. 13
17. 5
18. 12
19. 20
20. 9

PAGE 48

1. 80
2. 90
3. 73
4. 85
5. 39
6. 90
7. 76
8. 39
9. 98
10. 70
11. 58
12. 36
13. 48
14. 80
15. 39
16. 92
17. 35
18. 77
19. 68
20. 99

PAGE 49

1. 65
2. 39
3. 91
4. 92
5. 67
6. 58
7. 99
8. 99
9. 99
10. 59
11. 92
12. 86
13. 89
14. 68
15. 98
16. 78
17. 62
18. 79
19. 68
20. 86

PAGE 50

1. 75
2. 38
3. 93
4. 84
5. 69
6. 59
7. 98
8. 98
9. 89
10. 58
11. 92
12. 66
13. 66
14. 88
15. 90
16. 88
17. 82
18. 47
19. 88
20. 59

PAGE 51

1. 83
2. 39
3. 96
4. 64
5. 97
6. 79
7. 99
8. 99
9. 85
10. 100
11. 82
12. 58
13. 87
14. 48
15. 60
16. 69
17. 72
18. 67
19. 89
20. 57

PAGE 52

1. 55
2. 65
3. 12
4. 16
5. 77
6. 16
7. 27
8. 30
9. 30
10. 80
11. 30
12. 80
13. 34
14. 40
15. 25
16. 7
17. 45
18. 41
19. 42
20. 30

PAGE 53

1. 24
2. 60
3. 25
4. 23
5. 67
6. 53
7. 7
8. 30
9. 12
10. 70
11. 30
12. 44
13. 33
14. 74
15. 65
16. 4
17. 57
18. 47
19. 63
20. 30

PAGE 54

1. 44
2. 55
3. 82
4. 53
5. 43
6. 13
7. 26
8. 24
9. 27
10. 66
11. 22
12. 22
13. 3
14. 73
15. 25
16. 33
17. 70
18. 26
19. 13
20. 72

PAGE 55

1. 65
2. 42
3. 41
4. 60
5. 62
6. 15
7. 33
8. 37
9. 22
10. 36
11. 52
12. 24
13. 23
14. 63
15. 21
16. 38
17. 10
18. 72
19. 50
20. 64